Inhalt

Anforderungen der IAS-Umstellung 2005 an das Controlling

Kernthesen

Beitrag

Fallbeispiele

Weiterführende Literatur

Impressum

GENIOS WirtschaftsWissen Nr. 03/2003 vom 04.03.2003

Anforderungen der IAS-Umstellung 2005 an das Controlling

M.Westphal

Kernthesen

- Die von der EU-Kommission für 2005 geplante Einführung des IAS-Standards als Regelwerk für Jahresabschlüsse hat deutliche Einflüsse auf das Controlling.
- Die neuen, jetzt für das Controlling relevanten Bewertungs- und "Struktur"-Vorschriften, ermöglichen einen internationalen Vergleich der Unternehmenszahlen basierend auf standardisierten Zahlen des internen Rechnungswesens.
- Diese Umstellung führt zu einem

Paradigmenwechsel für Bilanzierung und Kostenrechnung.
- Das Controlling muss jetzt verstärkt segmentbezogene Ist- und Planzahlen ermitteln und auswerten, im Vergleich zu den bisherigen vergangenheitsorientierten Werten.
- Die IAS-Umstellung kann gerade für die quantitative Führung kleinerer Unternehmen einen großen Vorteil darstellen, da die zukunftsorientierten Werte sich deutlich besser eignen, das Unternehmen zu steuern.

Beitrag

Die IAS-Umstellung 2005 hat deutliche Auswirkungen auf das Controlling

Nach den Vorstellungen der EU-Kommission ist geplant, dass börsennotierte Kapitalgesellschaften ab 2005 ihren Jahresabschluss nach den Regeln des IAS erstellen müssen. Der Hauptgrund besteht in dem Wunsch, die externe Rechnungslegung der Unternehmen untereinander vergleichbarer zu machen und den Anforderungen der Financial Community gerecht zu werden.

Die daraus resultierende Internationalisierung des externen Rechnungswesens resultiert in zahlreichen Anforderungen an das interne Rechnungswesen und Controlling. Dem Controlling erwächst somit im Vergleich zu seiner Rolle im HGB in der Planung eine qualitativ neue Unterstützungsleistung. (1)

Die Internationalisierung der Rechnungslegung stellt an das Controlling und die Kostenrechnung eines Unternehmens zahlreiche Anforderungen. Die wesentlichen davon bestehen in den gegenwartsbezogenen Ist-Zahlen, der Generierung von Daten für die Segmentberichterstattung und bei der Einstellung von Bereichen, der Umstrukturierung und Auswertung der Anlagenrechnung, der Implementierung der Projektabrechnung und des Projektcontrollings für langfristige Fertigungsaufträge und selbst erstellte immaterielle Vermögenswerte, sowie dem Ausbau des Risikocontrollings für nicht existenzbedrohende Risiken.

Die IAS-Bilanzierung benötigt im Vergleich zum HGB Planungsgrundlagen. Um künftige und generell zahlungswirksame Selbstkosten von Produkten zu ermitteln, kann im Rahmen einer

Plankostenrechnung insbesondere die Vorkalkulation und die Ergebnisplanung realisiert werden, sofern die Besonderheiten der Zahlungswirksamkeit von Kosten beachtet werden. (1)

Paradigmenwechsel in der Bilanzierung und Kostenrechnung

Die Kostenrechnung hat aktuell für die deutsche Kostenrechnung die Aufgabe, Wertansätze für die Handelsbilanz und gegebenenfalls Steuerbilanz zu bestimmen. Der IAS-Jahresabschluss ist im Vergleich zum HGB-Jahresabschluss deutlich umfangreicher und erfordert ein Controlling, welches deutlich detailliertere Aussagen zu den einzelnen Segmenten des Unternehmens erbringt.

Vor dem Hintergrund der zunehmenden Tendenz zur Internationalisierung des externen Rechnungswesens stellt sich die Frage, welcher Anforderungen und evtl. Anpassungen zu deren Umsetzung es im Controlling bedarf.

Der Paradigmenwechsel, weg vom Gläubigerschutz und Vorsichtsprinzip des HGB, hin zu Investorinteresse und Informationsfunktion des IAS, hat auch für das Controlling weitreichende

Konsequenzen im Hinblick auf die gesamte Struktur des internen Rechnungswesens wie auch die verwandten Bewertungsansätze. (2)

Für kleinere Unternehmen birgt die Umstellung "verborgene" positive Effekte

Die handelsrechtliche Berichterstattung ist bisher wegen des Maßgeblichkeitsprinzips stark von steuerlichen Erwägungen geleitet worden. Der Informationsfunktion einer Bilanz wurde bisher insbesondere von mittelständisch geprägten Unternehmen nur nachrangige Bedeutung zugemessen. Gerade die in einem IAS-Abschluss angeführten Werte eignen sich erheblich besser für eine Verwendung in der internen Unternehmenssteuerung als die vergangenheitsorientierten Werte der HGB-Bilanzierung.

Dieser Umstand könnte gerade für Mittelständler, denen es häufig an einem eigenständigen Controlling fehlt und das daher über die Zahlen des externen Rechnungswesens geführt wird, einen gewichtigen Vorteil darstellen. (3)

Der Aufwand, den die Umstellung der Rechnungslegung von HGB auf IAS insbesondere für die Bereiche Controlling und Revision verursachen wird, wird von vielen Unternehmen noch unterschätzt, oder sie verlassen sich darauf, auch künftig ausschließlich auf Basis des HGB ihren Abschluss zu tätigen. (2)

Für das Controlling relevante Änderungen im Überblick

Die wesentlichen Änderungen betreffen insbesondere die folgenden Bereiche:
- Segmentberichterstattung
- Einstellung von Bereichen
- Anlagenrechnung und Anlagencontrolling
- Langfristige Fertigungsaufträge
- Berichterstattung über Eventualschulden und Risikocontrolling
- Ermittlung des künftigen ökonomischen Nutzens (1)

Segmentberichterstattung

Die Vorschriften des IAS unterscheiden zwei

Dimensionen der Segmentierung. Die dominierenden Chancen und Risiken für die Geschäftsentwicklung ergeben sich aus dem primären Berichterstattungsformat, welches die Untergliederung des Unternehmens, bzw. Konzerns in Segmente vorsieht. Die nach diesem primären Berichterstattungsformat bedeutendste Einteilungsform der Unternehmensaktivitäten für den Geschäftsverlauf stellt das sekundäre Berichterstattungsformat dar. In der Regel bilden die Geschäftssegmente das primäre und die Regionen das sekundäre Berichterstattungsformat ab. Für den Investor ist das primäre Berichterstattungsformat das bedeutendere, weshalb für dieses auch mehr Informationen offen zu legen sind.

Für das Controlling resultieren hieraus zwei Problembereiche, wenn es den Anforderungen des IAS gerecht werden soll; nämlich die Abgrenzung der Segmente nach dem Risk-and-reward-approach und die Generierung der offenlegungspflichtigen Informationen.

Wenn man wie das IAS einen Zusammenhang vermutet, zwischen der unternehmensinternen Organisations-, Management- und Berichtsstruktur und der Abgrenzung der extern offenlegungspflichtigen Segmente, dann können die zu publizierenden Informationen überwiegend aus der

Kostenrechnung gewonnen werden. Wichtig ist nur, dass Posten wie Abschreibungen, Vermögen und Investitionen alle mit genauen Informationen der jeweils zugehörigen Kostenstellen versehen und verbucht werden, um die notwendige Aggregation zu den verschiedenen Berichterstattungsformaten zu ermöglichen. (1)

Einstellung von Bereichen

IAS versteht unter einem einzustellenden Bereich einen gesonderten wesentlichen Geschäftszweig oder einen geographischen Bereich, der betrieblich und für Zwecke der Rechnungslegung abgegrenzt werden kann.

Ein Segment, als auch ein Unternehmensbereich (die nächst tiefere Gliederungsebene nach dem Segment), können einen Bereich bilden. Für das Controlling empfiehlt sich daher, insbesondere auch wegen der Notwendigkeit der Offenlegung von vergangenheitsbezogenen Vergleichsinformationen, der Aufbau der Segmentinformationen für die Unternehmensbereiche.

Die entsprechenden Cash-Flow-Daten für die Bereiche können dann relativ einfach aus den Daten der Finanzbuchhaltung erzeugt werden, wenn hier die betreffenden Vermögenswerte und Schulden eine entsprechende Kennzeichnung in den Konteninformationen (Zugehörigkeit zu einem Unternehmensbereich bei Schulden bzw. Kostenstellenzugehörigkeit bei Vermögenswerten) erhalten. (1)

Anlagenrechnung und Anlagencontrolling

Vermögenswerte, die im wirtschaftlichen Eigentum des Unternehmens stehen, sind sowohl nach HGB als auch nach IAS bilanzierungspflichtig. Den wesentlichen Unterschied stellen Leasinggüter dar, die sich zwar im wirtschaftlichen, nicht aber rechtlichen Eigentum befinden. Hier ist das IAS in seinen Kriterien wesentlich weiter, weshalb Leasingnehmer nach IAS mehr Vermögenswerte zu aktivieren und abzuschreiben haben.

Nach geltenden Bestimmungen ist ab 2005 der Einzelabschluss eines Unternehmens aber auch nach den Vorschriften des HGB zu erstellen. Das bedingt für das Controlling eines Unternehmens, dass organisatorisch eine doppelte Anlagenbuchführung notwendig wird. In jedem System muss diese eine

eindeutige Identifikation der zum jeweiligen Anlagevermögen gehörenden Wirtschaftsgüter ermöglichen.
Darüber hinaus sind gemäß IAS selbst erstellte immaterielle Anlagengüter unter bestimmten Voraussetzungen aktivierungspflichtig.

Bewertet werden diese Güter mit ihren Herstellkosten. Dies verlangt vom Controlling eine systematische Erfassung sämtlicher Ausgaben auf Projektkostenstellen, wobei für jedes Entwicklungsvorhaben (mindestens) eine Projektkostenstelle zu errichten ist. Alle entsprechenden Ausgaben (insbesondere Fremdleistungen und Materialausgaben) müssen mit einer entsprechenden Projektnummernkontierung versehen werden. Die mit den Entwicklungsprojekten betrauten Mitarbeiter müssen Zeitaufzeichnungen führen, um die anteiligen Personalausgaben ermitteln zu können.

Auch in der Anlagenbuchhaltung kann sich unter bestimmten Voraussetzungen die Notwendigkeit zur getrennten Aufzeichnung von Grundstücken und Gebäuden ergeben. Für betrieblich genutzte Grundstücke und Gebäude ergeben sich im Vergleich zu denen, die als Finanzinvestition angesehen werden, unterschiedliche Wertansätze. (1)

Langfristige Fertigungsaufträge

Langfristige Fertigungsaufträge sind nach der percentage-of-completion-Methode zu bewerten. Bewertet werden diese Aufträge bilanziell mit dem Produkt aus erwartetem oder geschätzten Umsatz mit dem Fertigstellungsgrad des Projektes.

Wie bei den selbst geschaffenen immateriellen Vermögenswerten, bedarf es zur Erfüllung dieser Anforderungen durch IAS der Einrichtung von Projektkostenstellen für diese langfristigen Fertigungsaufträge, um die für dieses Projekt entstandenen Kosten zu sammeln. Zwingend notwendig ist darüber hinaus die Installation eines Projektcontrollings, welches gemäß der percentage-of-completion-Methode drei Aufgaben erfüllen muss:
- Überwachung des Projektfertigstellungsgrades
- Fortschreitender Soll-Ist-Vergleich der aufgelaufenen Projektkosten
- Prognose der voraussichtlich bis Fertigstellung noch anfallenden Kosten (1)

Berichterstattung über Eventualschulden und

Risikocontrolling

Die unternehmensinternen wie auch die unternehmensexternen Risiken müssen durch das Risikocontrolling identifiziert werden, sowie hinsichtlich Eintrittswahrscheinlichkeit und Schadenhöhe bewertet werden. Schon mit Inkrafttreten des KontraG in Deutschland wurden Aktiengesellschaften verpflichtet, existenzbedrohende Risiken zu dokumentieren und den Lagebericht um einen Risikobericht zu erweitern.

Damit erhielt das Risikocontrolling einen entscheidenden Hub. Im IAS allerdings nimmt die Bedeutung noch einmal zu, weil nun im Anhang des IAS-Abschlusses auch Risiken, die eine sehr geringe Eintrittswahrscheinlichkeit haben, dediziert genannt werden müssen. (1)

Ermittlung des künftigen ökonomischen Nutzens

Eine der wesentlichen Voraussetzungen, in der Frage, ob selbst geschaffene immaterielle Vermögenswerte zu aktivieren sind oder nicht, liegt in der Tatsache begründet, ob sie voraussichtlich einen künftigen

wirtschaftlichen Nutzen erbringen. Um für diese Vermögenswerte einen diskontierten Cash-Flow zu ermitteln, müssen vom Controlling folgende Größen prognostiziert werden:
- technische und wirtschaftliche Lebensdauer der mittels des immateriellen Vermögenswertes erstellten Güter und Dienstleistungen
- Einnahmen aus dem Verkauf der mittels des immateriellen Vermögenswertes erstellten Güter und Dienstleistungen
- Ausgaben für die mittels des immateriellen Vermögenswertes erstellten Güter und Dienstleistungen
- Diskontierungszinssatz

Für das Controlling ist es nun wichtig, mit Hilfe einer Plankostenrechnung - in der Ausgestaltung einer Prognosekostenrechnung - die Einnahmen und Ausgaben zu prognostizieren. Um diese Daten ermitteln zu können, bedarf es einer differenzierten Zuordnung der Produkte und Dienstleistungen, welche mittels der immateriellen Vermögenswerte erstellt werden. Dieses kann z. B. durch Hinterlegung im Stammsatz der Produkte gelöst werden. (1)

Fallbeispiele

Die schlott sebaldus Gruppe (entstanden aus dem Zusammenschluss der schlott AG und der Sebaldus-Gruppe) gab sich schon in Antizipation der anstehenden Berichterstattung nach IAS und der daraus resultierenden Anforderungen an die interne Steuerung und Berichterstattung eine Geschäftsbereichs-Struktur. Hiermit kann die gemäß IAS geforderte Segmentberichterstattung besser abgebildet werden. Mit den bestehenden Systemen war und ist diese segmentierte Darstellung allerdings nicht abbildbar. Trotzdem soll die Planung und das Plan Ist-Reporting auf diese Struktur ausgerichtet sein, was eine stufenweise Konsolidierung der Teilbereiche, der Geschäftsbereiche und der Gruppe erforderlich macht. Die im Hause verwandte Konsolidierungs-Software SAP-LC kann nicht auf diese Anforderungen konfiguriert werden. Die Sammlung der Ist-Daten sowie die stufenweise Konsolidierung für das monatliche Berichtswesen stellt ein generelles Problem dar, da die Ist-Daten in unterschiedlichen Systemen gehalten werden und somit die Konsolidierung durch das Rechnungswesen äußerst aufwändig war. Beholfen hat man sich zur Überbrückung der Schnittstellen mit Excel-Kalkulationen. Allerdings lagen die konsolidierten Ergebnisse immer erst sechs bis acht Wochen nach

Periodenende vor, Segmentergebnisse konnten überhaupt nicht dargestellt werden. Um nicht weiterhin die Finanz- und Bilanzplanung über Excel durchführen zu müssen, was zum einen zu sehr hohem Aufwand führte, wie aber auch zu geringer Flexibilität und Qualität und kein erfolgreiches Szenario bot, den zukünftigen IAS-Anforderungen an das Controlling hinsichtlich der Segmentberichterstattung gerecht zu werden, entschloss man sich, für das Controlling eine zentrale Planungsapplikation einzuführen. Die Einführung des professional planners der Firma WINTERHELLER software entlastet das dezentrale Controlling wesentlich durch eine automatisierte Ermittlung der Finanzpläne und Plan-Bilanzen und erhöht darüber hinaus die Qualität der Rechenwerte. Der gesamte Planungs-, Plausibilisierungs- und Konsolidierungsprozess wird wesentlich verkürzt und lässt somit endlich ausreichend Zeit für die eigentlichen Aufgaben des Controllings, nämlich die Analyse und Diskussion der Ergebnisse im Controlling und Management. (4)

Die Dürr AG, weltweit führender Anbieter von Produktionssystemen und produktionsbegleitenden Dienstleistungen für die Automobilindustrie und ihre Zulieferer ist in fünf Unternehmensbereiche mit insgesamt 12 500 Mitarbeitern aufgeteilt. Als börsennotiertes und weltweit tätiges Unternehmen

hat man sich 1999 dazu entschieden, nach internationalen Rechnungslegungsstandards zu bilanzieren. Man entschied sich für die US GAAP-Richtlinien, da das IAS nach der Einschätzung des Managements ausschied, da zu diesem Zeitpunkt die IAS-Regeln noch nicht weit genug formuliert waren. Gerade für ein Unternehmen wie die Dürr AG, welches zu einem Großteil Großprojekte mit Laufzeiten von bis zu 18 Monaten betreut, ist die "percentage-of-completion"-Methode von erheblichem Vorteil, insbesondere in der Kommunikation mit den Finanzmärkten.
Nachdem die Umstellung auf US GAAP innerhalb eines Jahres durchgeführt wurde, sieht man sich jetzt unverständlicherweise einer neuerlichen Umstrukturierung gegenüber, da kein Wahlrecht bzgl. Bilanzierung nach US GAAP oder nach IAS besteht.
Wesentliche Änderungen werden die Bewertung von "Intangibles" in den Bilanzen darstellen, wie auch eine veränderte Bewertung bzw. Abschreibung von Goodwill. Der innerhalb der Dürr AG verfolgte integrierte Controllingprozess, der sich an wertorientierter Unternehmensführung orientiert, überprüft derzeit, welche Bereiche innerhalb des internen Rechnungswesens geändert werden müssen, um den neuen Anforderungen ab 2005 gerecht zu werden und welchen Aufwand diese verursachen. (5)

Weiterführende Literatur

(1) Kirsch, Hanno, Anforderungen an das Controlling durch internationale Rechnungslegungsstandards, Controlling Heft 1/2003, S.11-18
aus Lebensmittel Zeitung 52 vom 27.12.2002 Seite 023

(2) Internationale Rechnungslegung Vollständige Ablösung des HGB nicht unbedingt sinnvoll
aus Die SparkassenZeitung, 08.11.2002, Nr. 45, S. 16

(3) Mittelstand steht IAS reserviert gegenüber
aus Frankfurter Allgemeine Zeitung, 13.01.2003, Nr. 10, S. 19

(4) Wertorientierung präzise ableiten - Einführung einer zentralen Planungs-Applikation bei schlott sebaldus
aus is report, Heft 12/2002, S. 20-23

(5) Baur, Wolfgang / Horvath, Peter, Aktuelle Herausforderungen an das Controlling bei der Dürr AG, Controlling, Heft 1/2003, S.53-56
aus is report, Heft 12/2002, S. 20-23

Impressum

Anforderungen der IAS-Umstellung 2005 an das Controlling

Bibliografische Information der deutschen Nationalbibliothek

Die Deutsche Nationalbibliothek verzeichnet diese Publikation in der deutschen Nationalbibliografie; detaillierte bibliografische Daten sind im Internet über http://dnb.d-nb.de abrufbar.

ISBN: 978-3-7379-0133-8

© 2015 GBI-Genios Deutsche Wirtschaftsdatenbank GmbH, Freischützstraße 96, 81927 München, www.genios.de

Alle Rechte vorbehalten. Dieses Werk ist einschließlich aller seiner Teile – z.B. Texte, Tabellen und Grafiken - urheberrechtlich geschützt. Jede Verwertung außerhalb der Grenzen des Urheberrechtsgesetzes bedarf der vorherigen Zustimmung des Verlags. Dies gilt insbesondere auch für auszugsweise Nachdrucke, fotomechanische

Vervielfältigungen (Fotokopie/Mikroskopie), Übersetzungen, Auswertungen durch Datenbanken oder ähnliche Einrichtungen und die Einspeicherung und Verarbeitung in elektronischen Systemen.